Dieses Buch
Gehört zu:

_ _ _ _ _ _ _

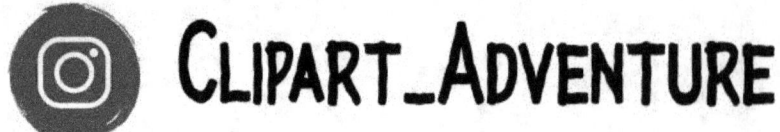

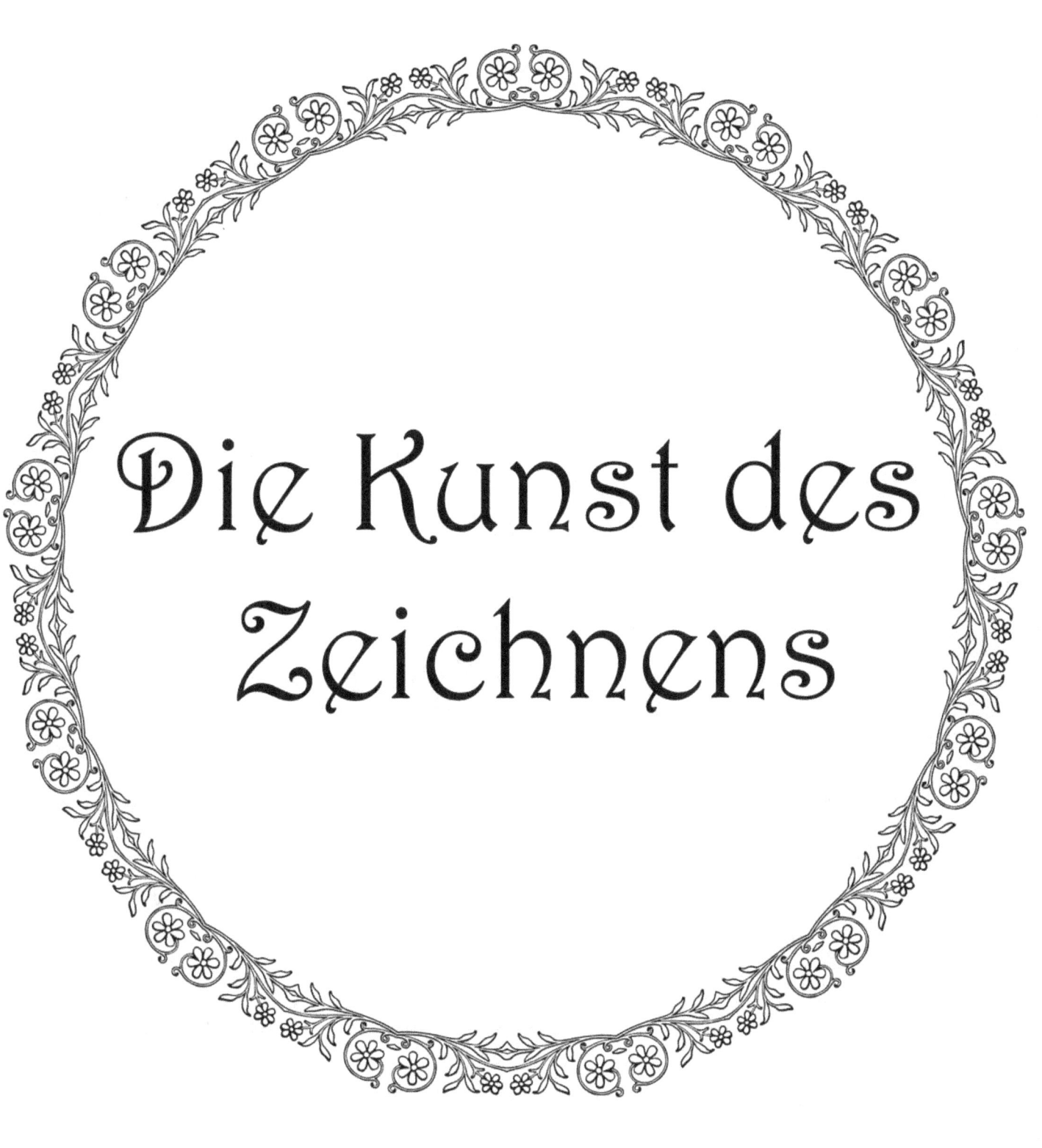

# Die Kunst des Zeichnens

# Zeichnen Lernen

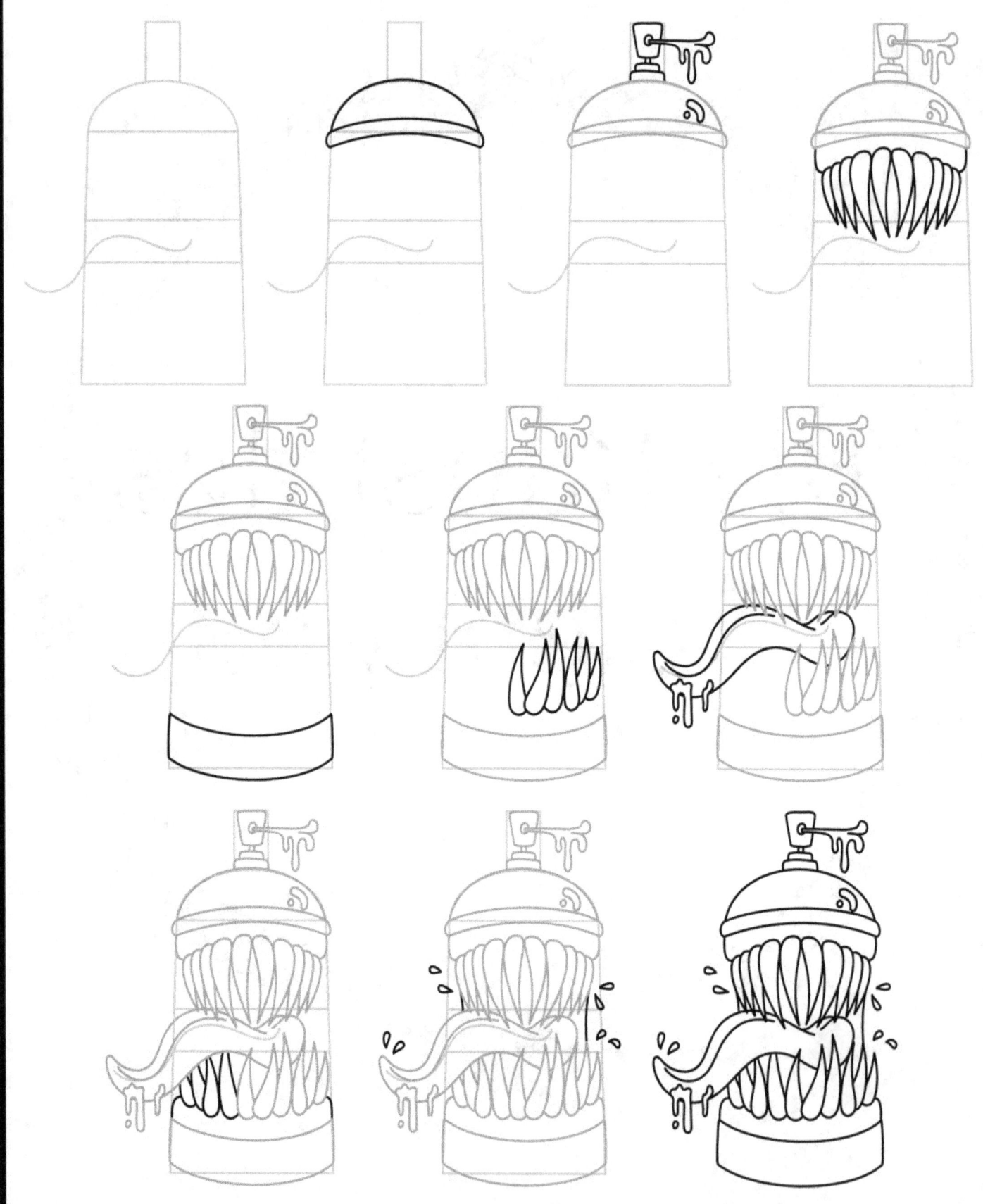

# Jetzt Sind Sie Dran!

# Zeichnen Lernen

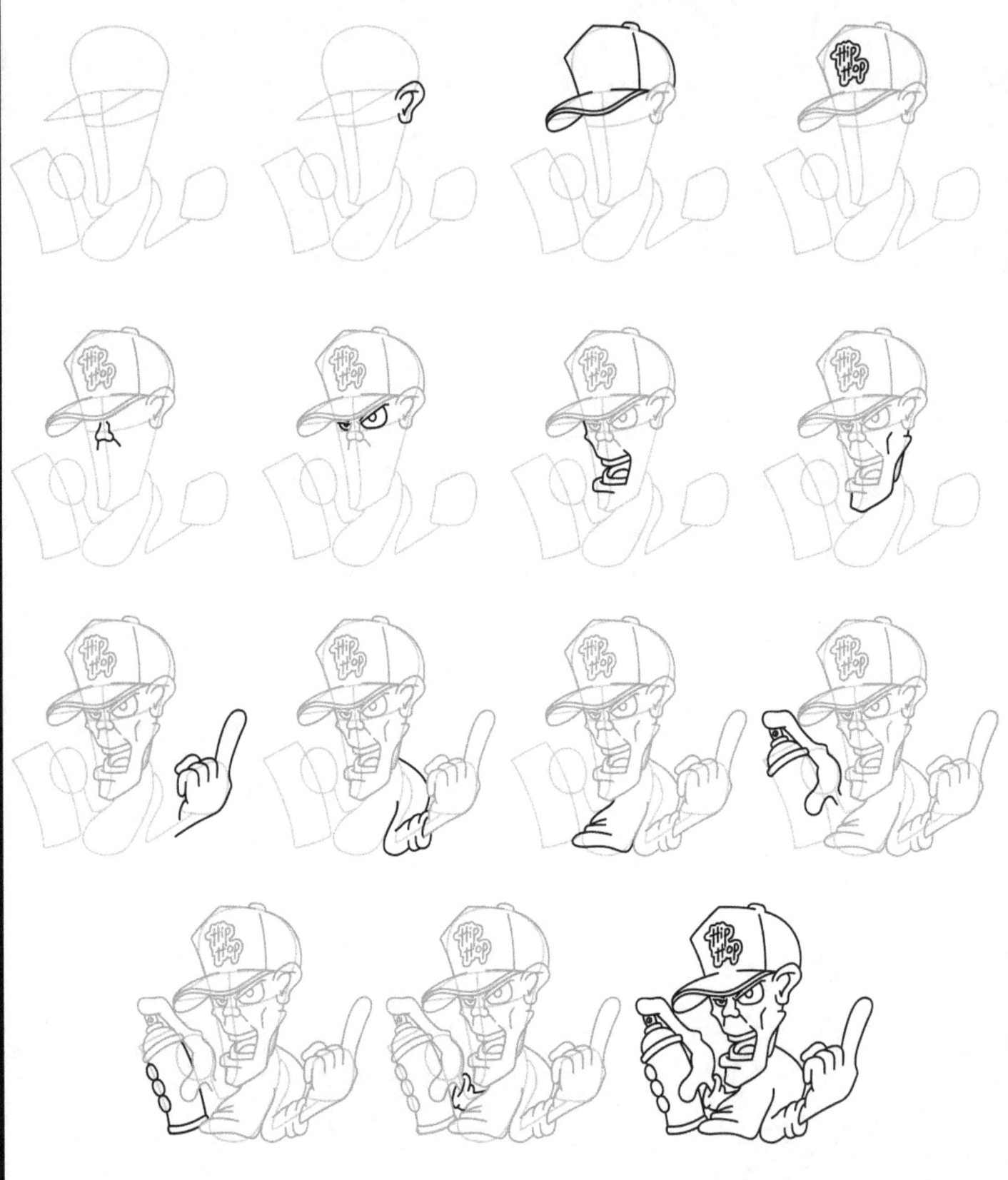

# Jetzt Sind Sie Dran!

# Zeichnen Lernen

# Jetzt Sind Sie Dran!

# Zeichnen Lernen

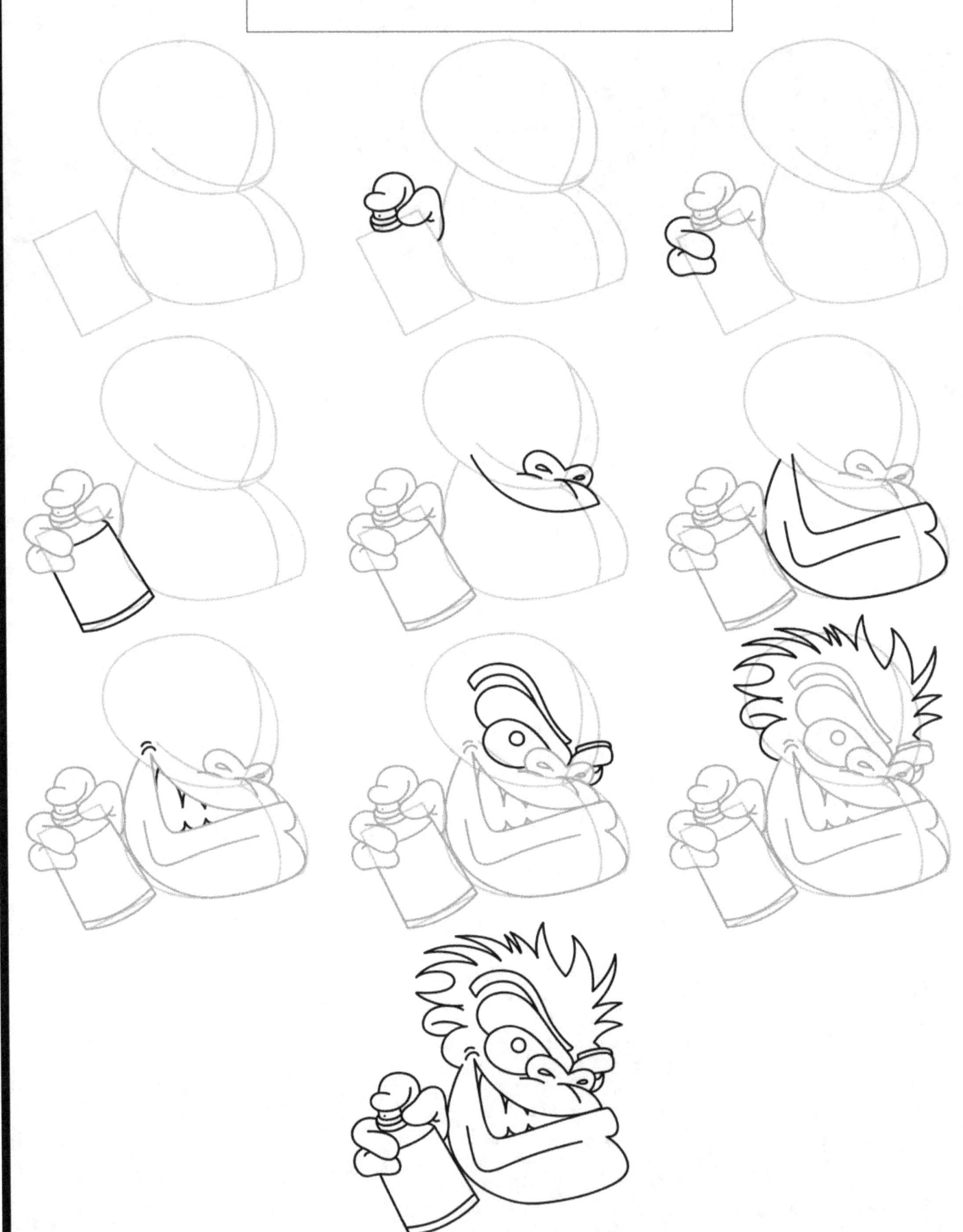

# Jetzt Sind Sie Dran!

# Zeichnen Lernen

# Jetzt Sind Sie Dran!

# Zeichnen Lernen

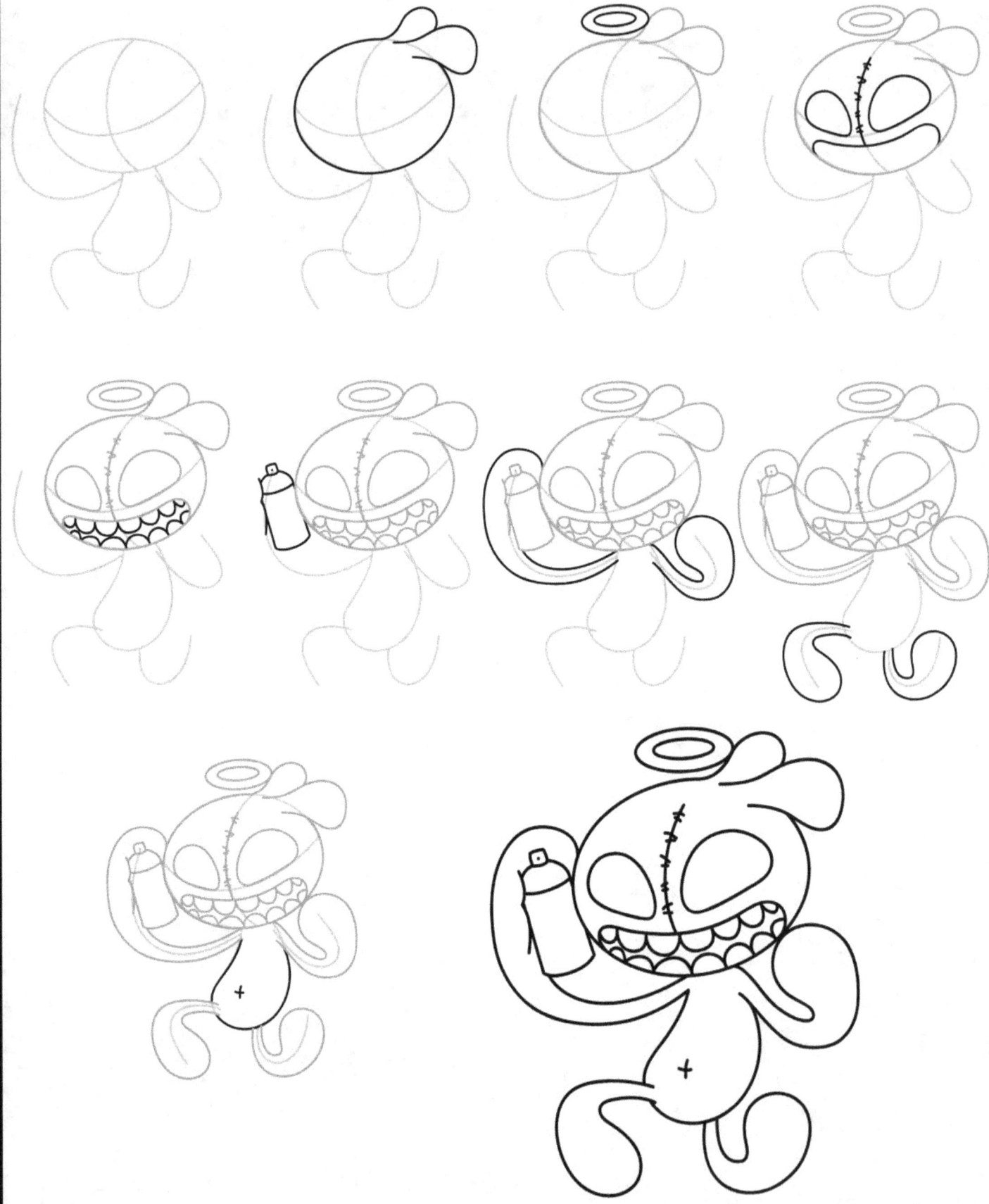

# Jetzt Sind Sie Dran!

# Zeichnen Lernen

# Jetzt Sind Sie Dran!

# Zeichnen Lernen

YOLO YOLO

YOLO YOLO

YOLO YOLO

# Jetzt Sind Sie Dran!

# Zeichnen Lernen

# Jetzt Sind Sie Dran!

# Zeichnen Lernen

# Jetzt Sind Sie Dran!

# Zeichnen Lernen

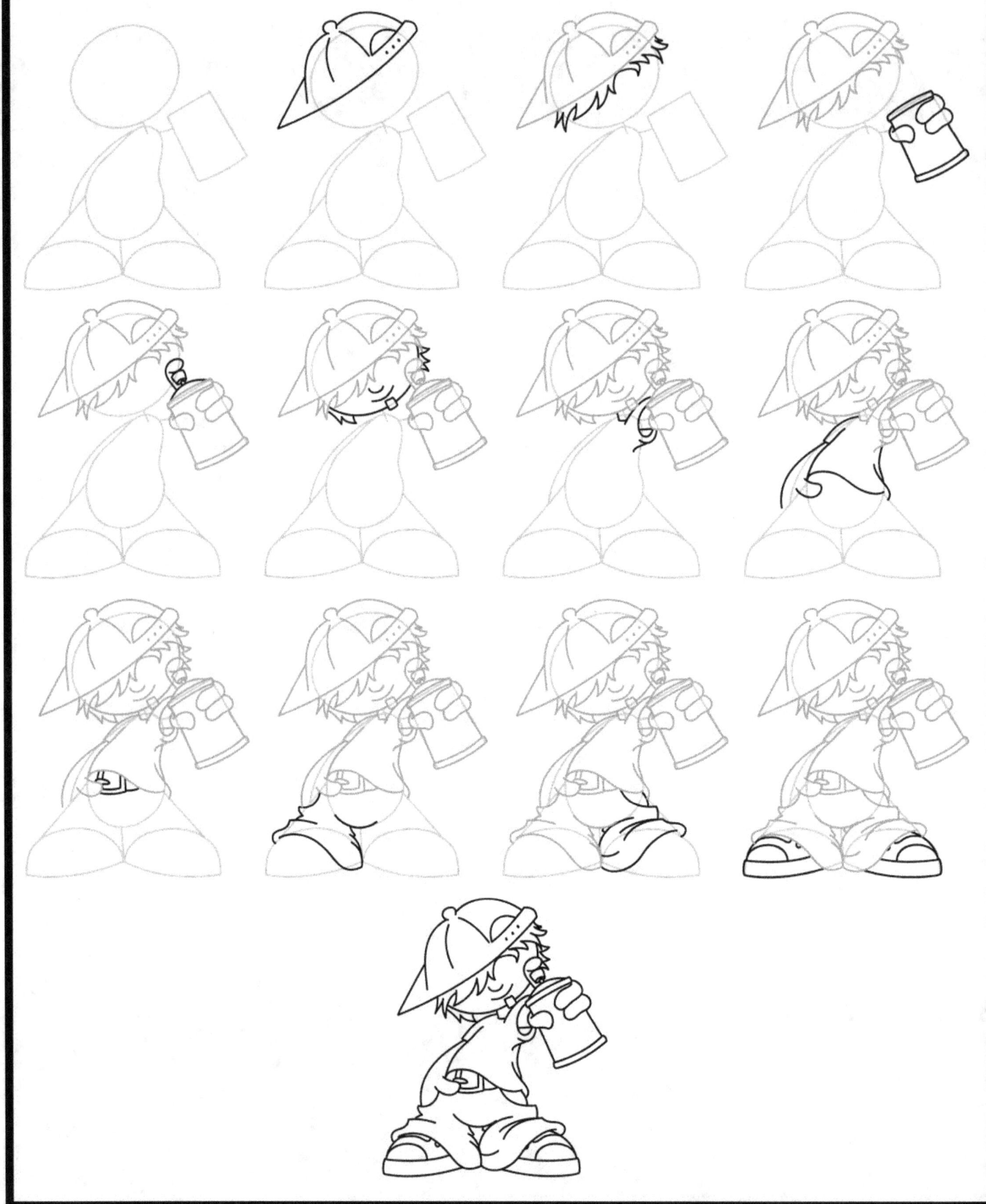

# Jetzt Sind Sie Dran!

# Zeichnen Lernen

# Jetzt Sind Sie Dran!

# Zeichnen Lernen

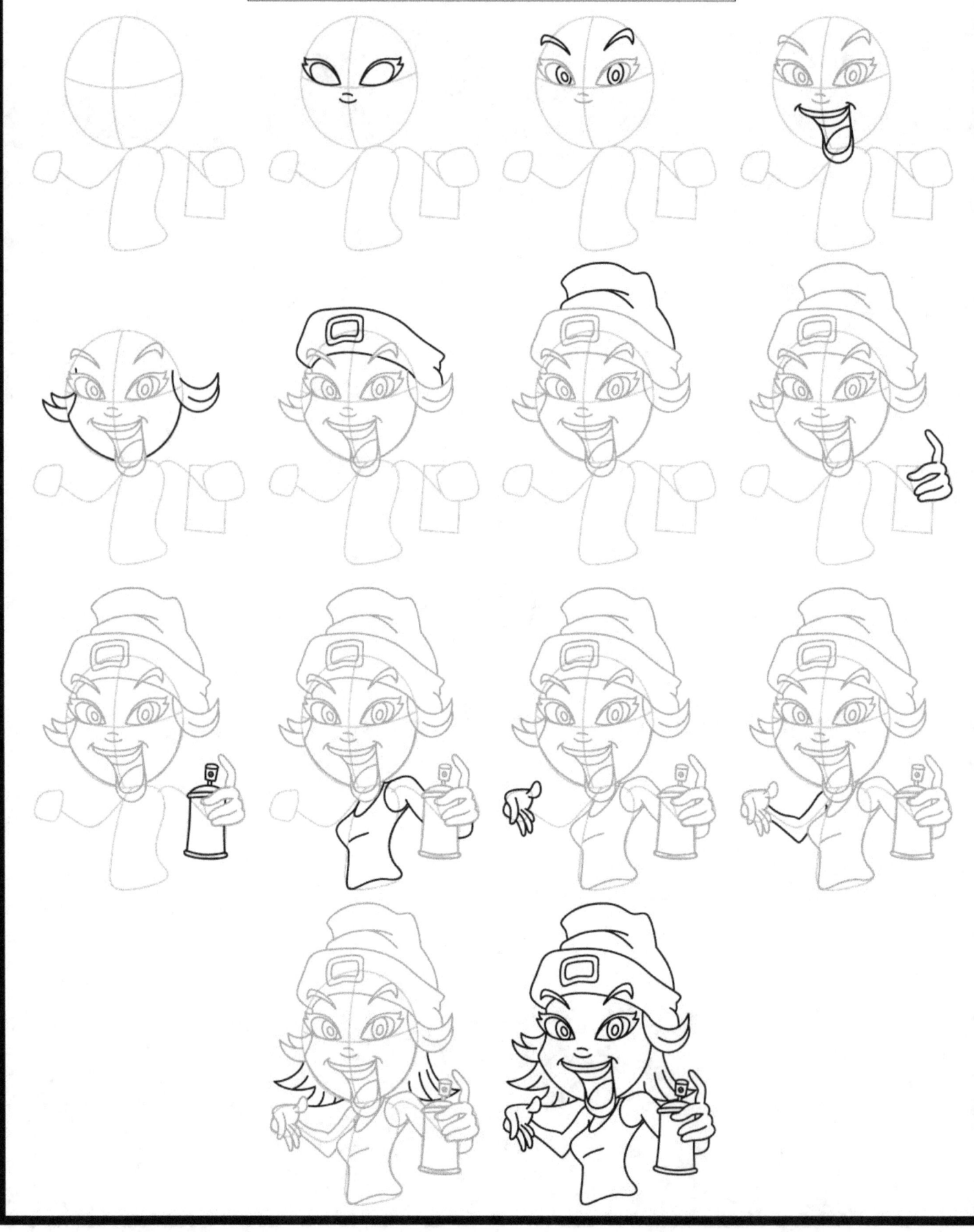

# Jetzt Sind Sie Dran!

# Zeichnen Lernen

# Jetzt Sind Sie Dran!

# Zeichnen Lernen

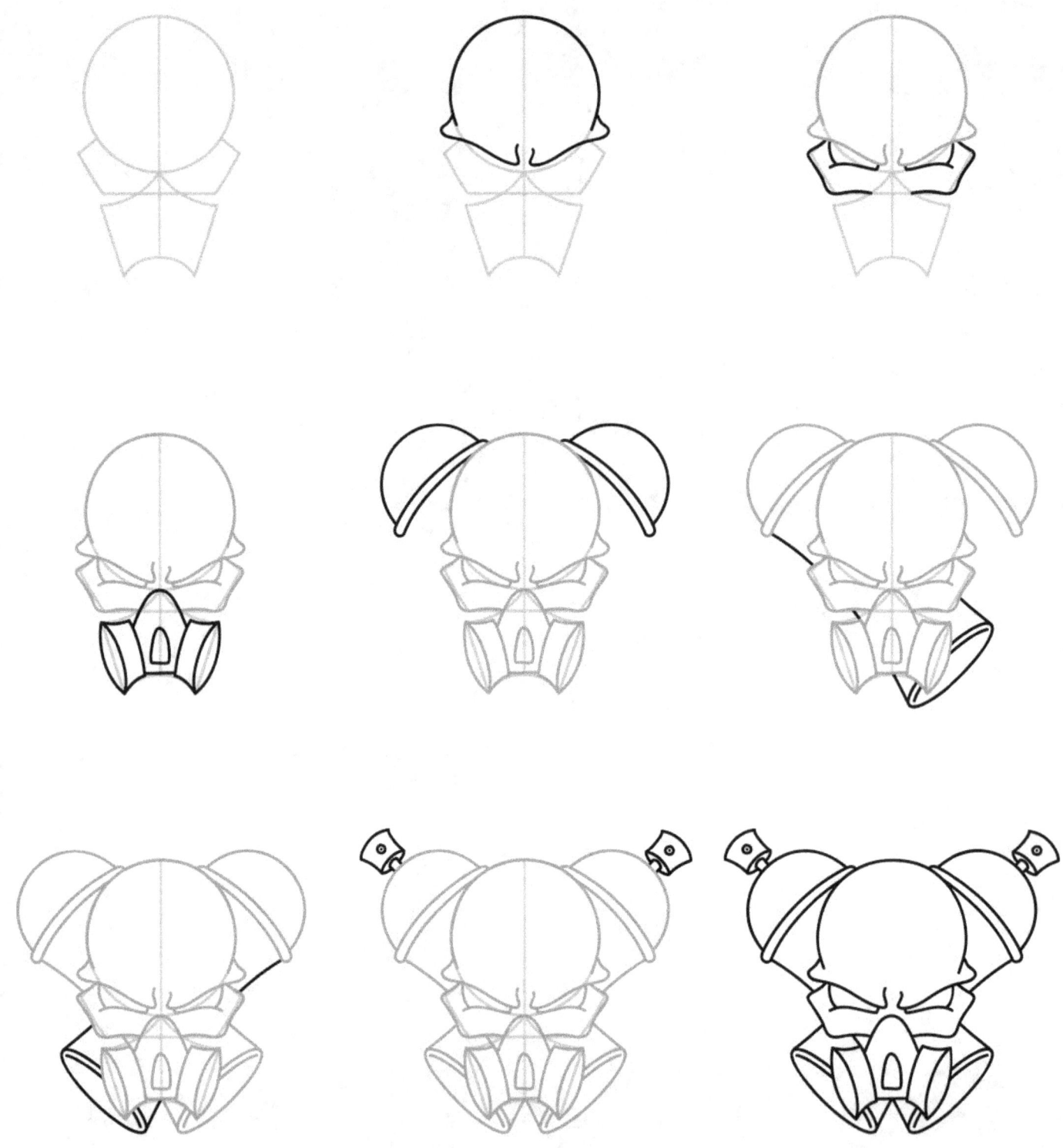

# Jetzt Sind Sie Dran!

# Zeichnen Lernen

# Jetzt Sind Sie Dran!

# Zeichnen Lernen

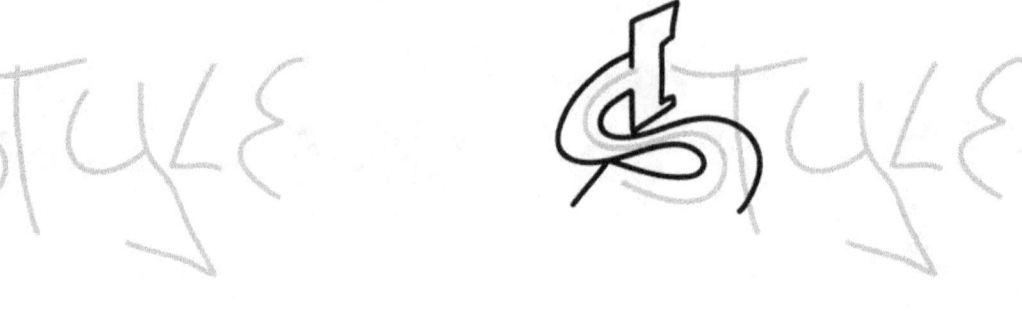

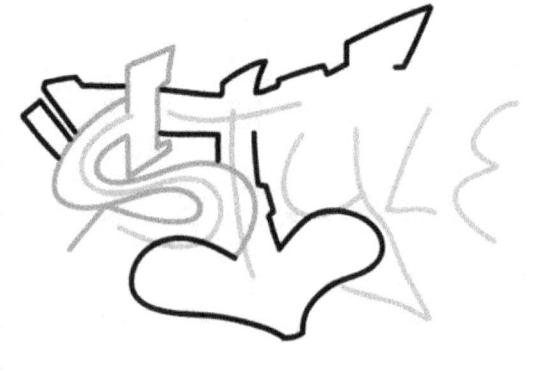
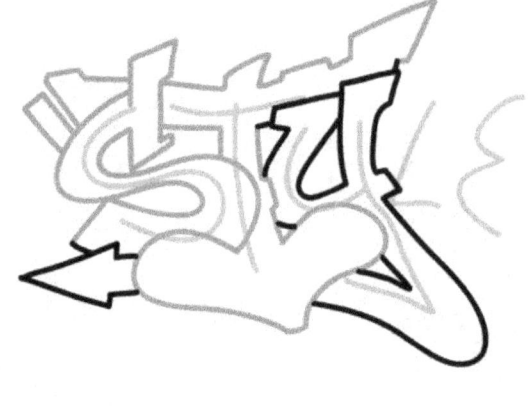

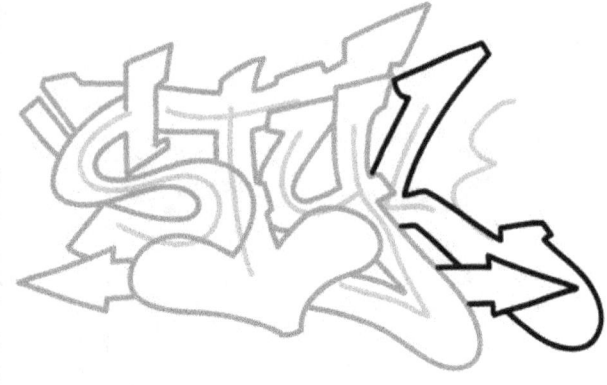
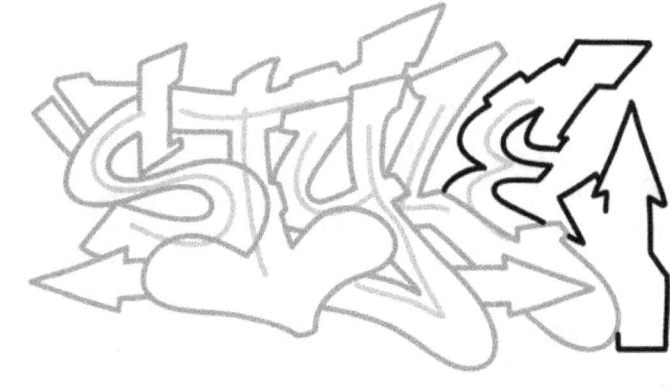

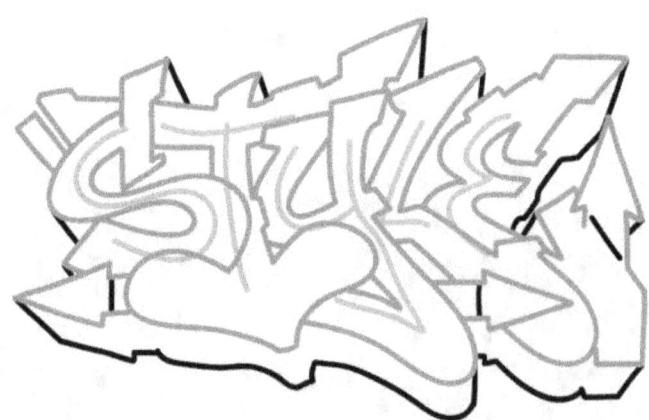
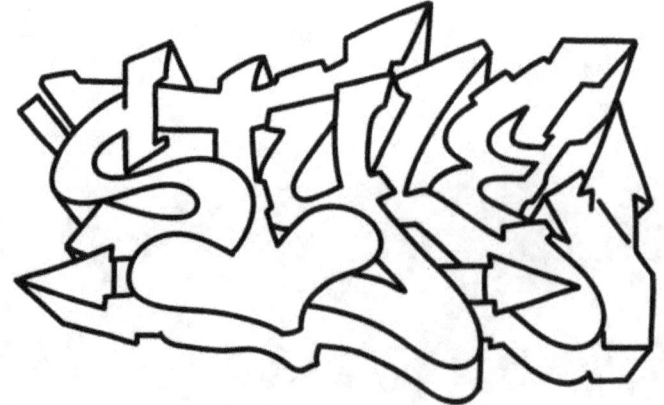

# Jetzt Sind Sie Dran!

# Zeichnen Lernen

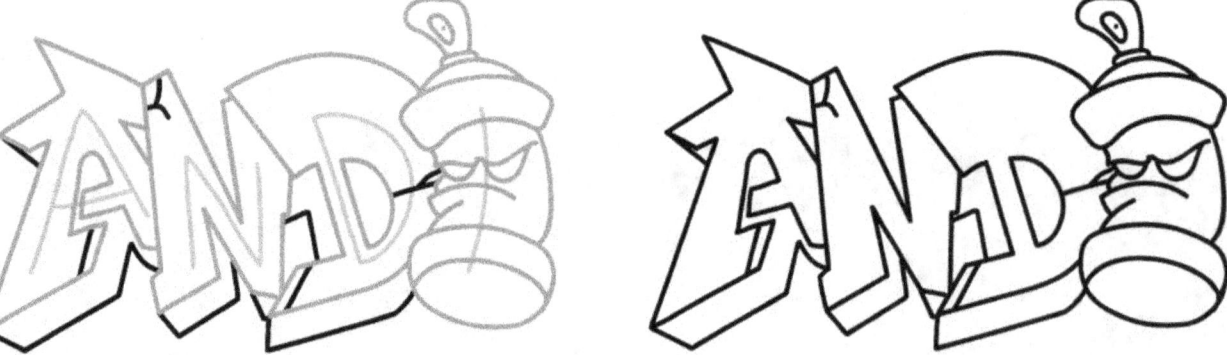

# Jetzt Sind Sie Dran!

# Zeichnen Lernen

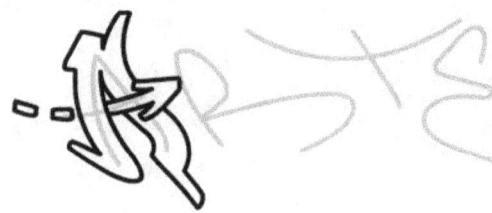
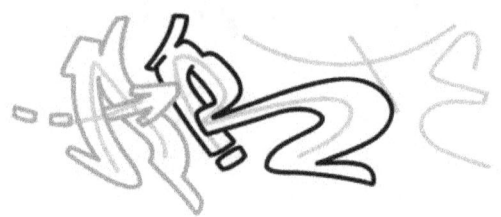
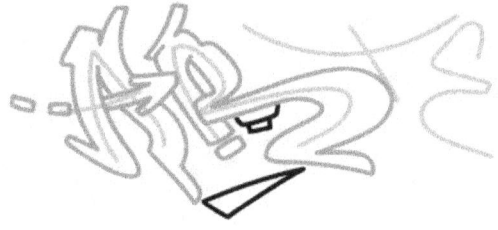
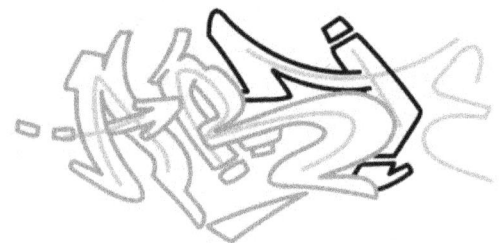
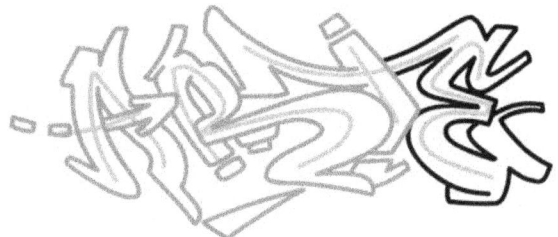
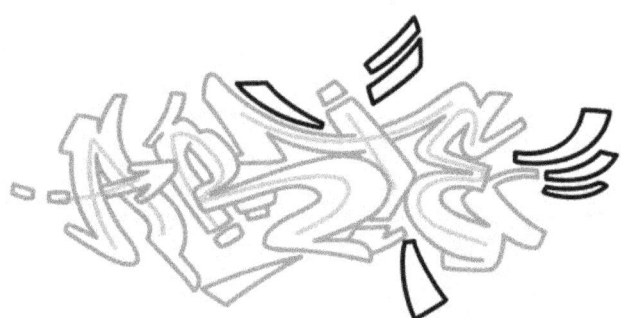
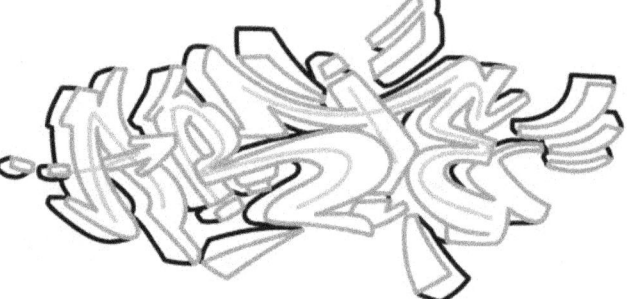
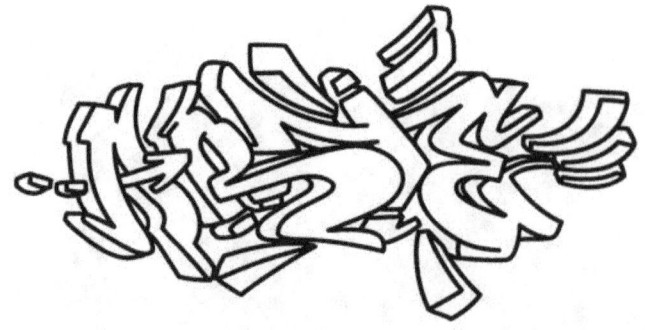

# Jetzt Sind Sie Dran!

# Zeichnen Lernen

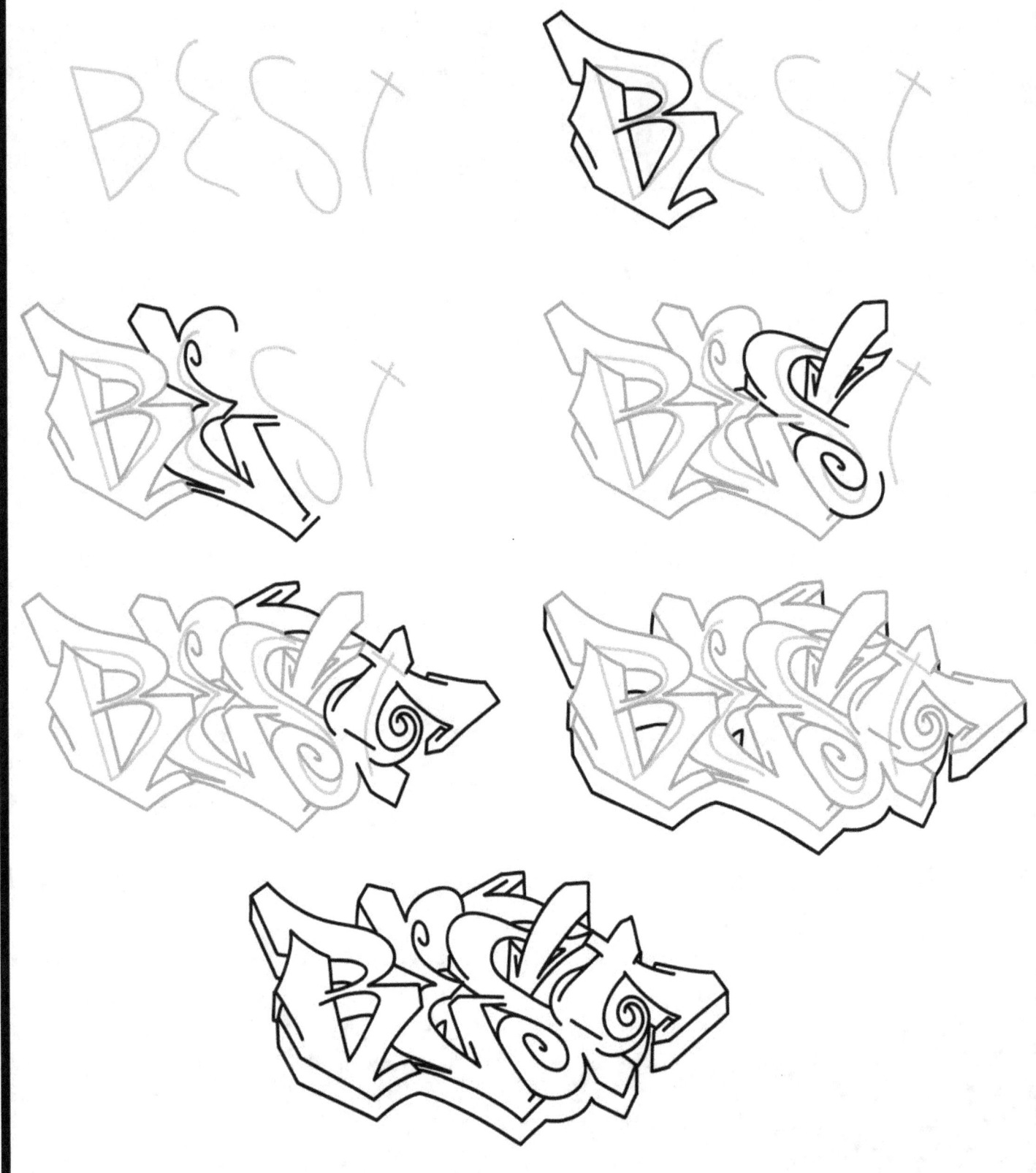

# Jetzt Sind Sie Dran!

# Zeichnen Lernen

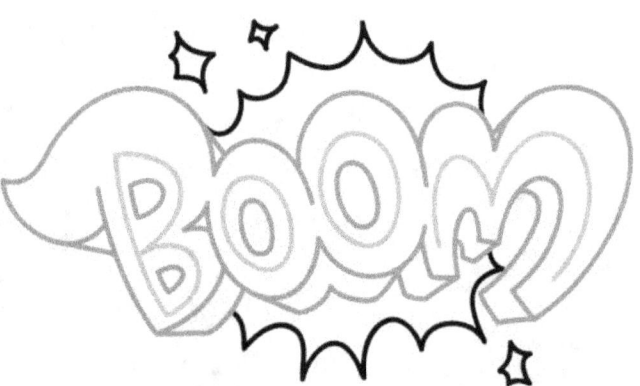
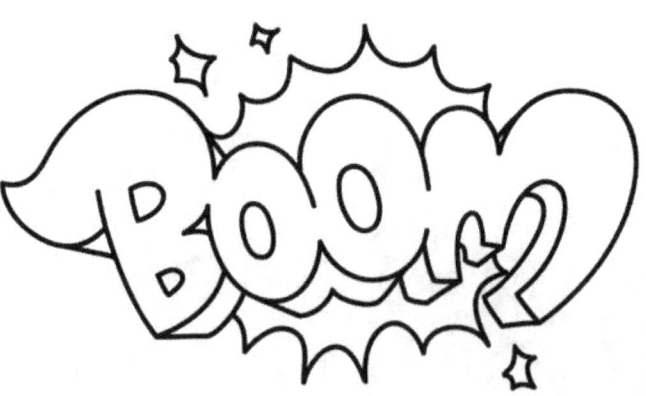

# Jetzt Sind Sie Dran!

# Zeichnen Lernen

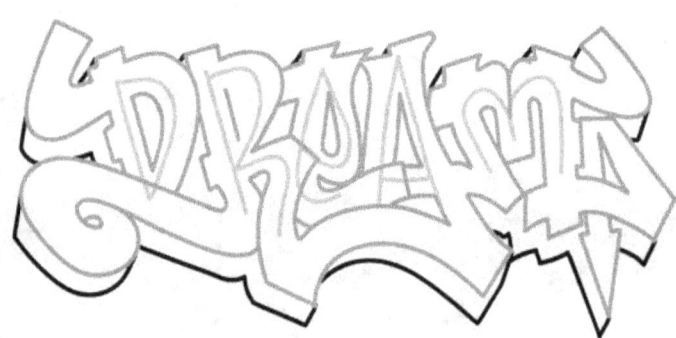
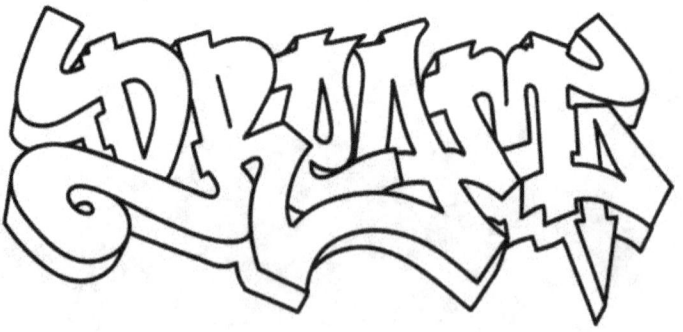

# Jetzt Sind Sie Dran!

# Zeichnen Lernen

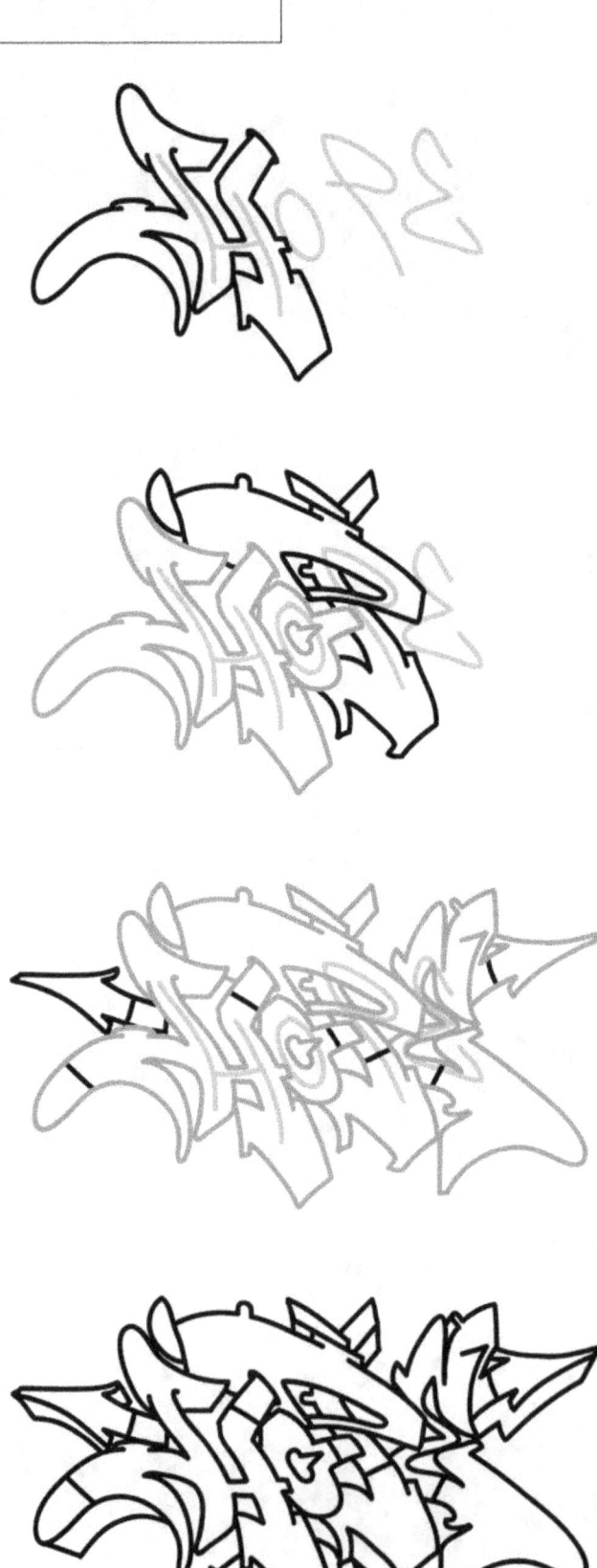

# Jetzt Sind Sie Dran!

# Zeichnen Lernen

# Jetzt Sind Sie Dran!

# Zeichnen Lernen

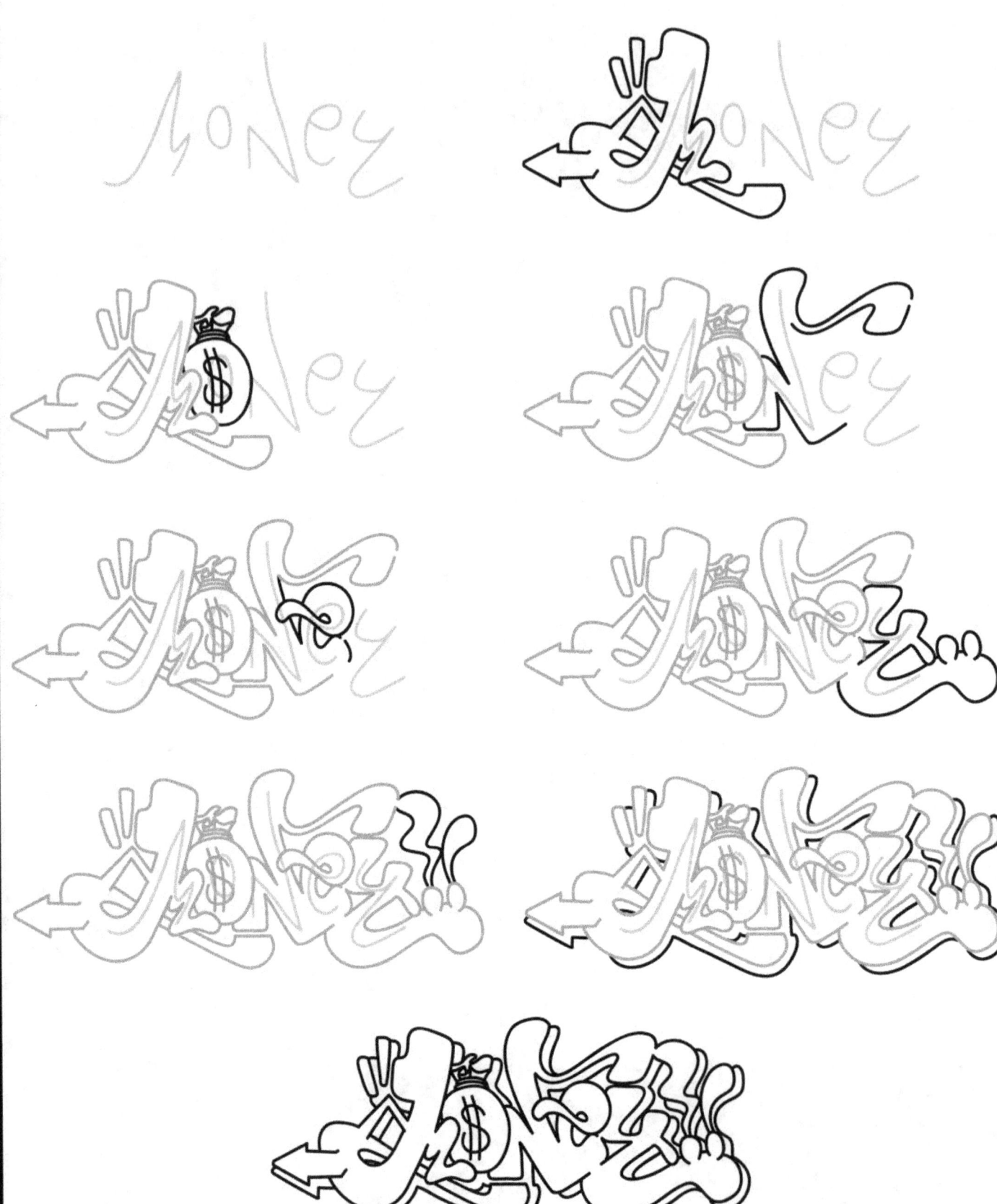

# Jetzt Sind Sie Dran!

# Zeichnen Lernen

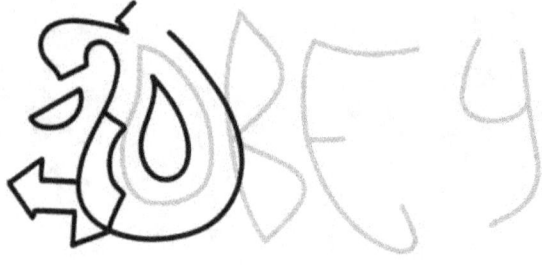
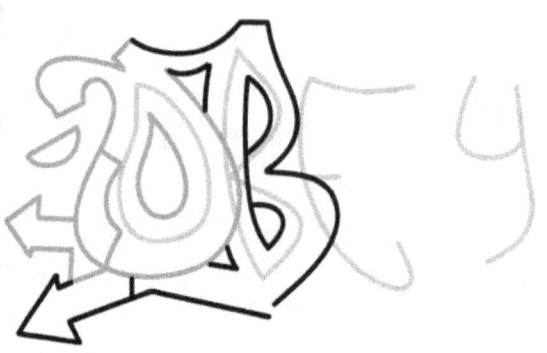
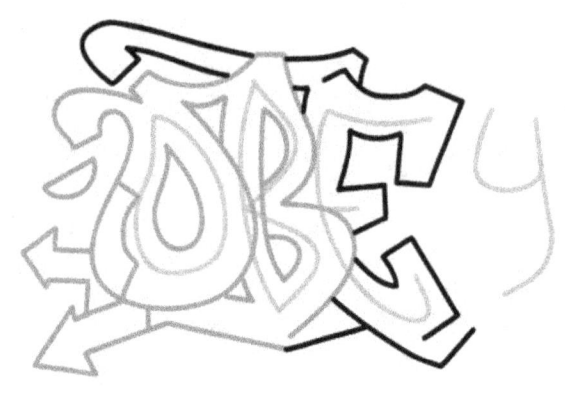
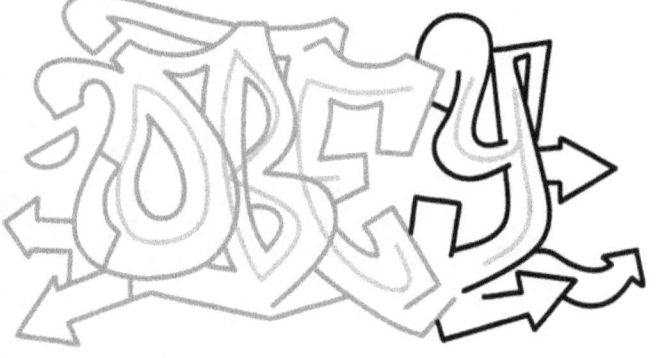
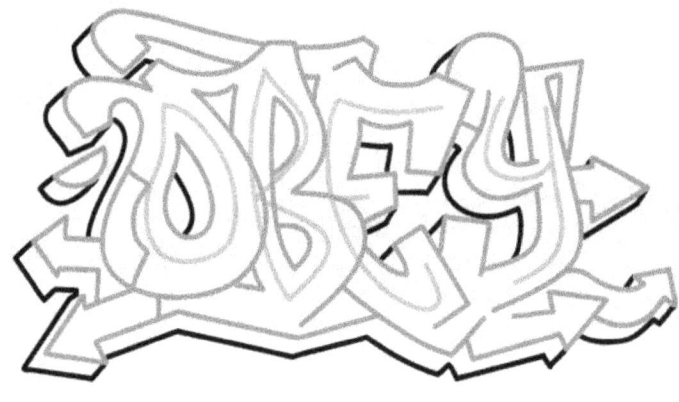
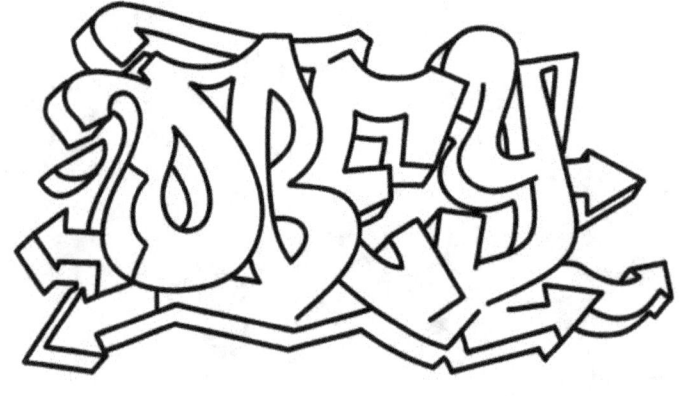

# Jetzt Sind Sie Dran!

# Zeichnen Lernen

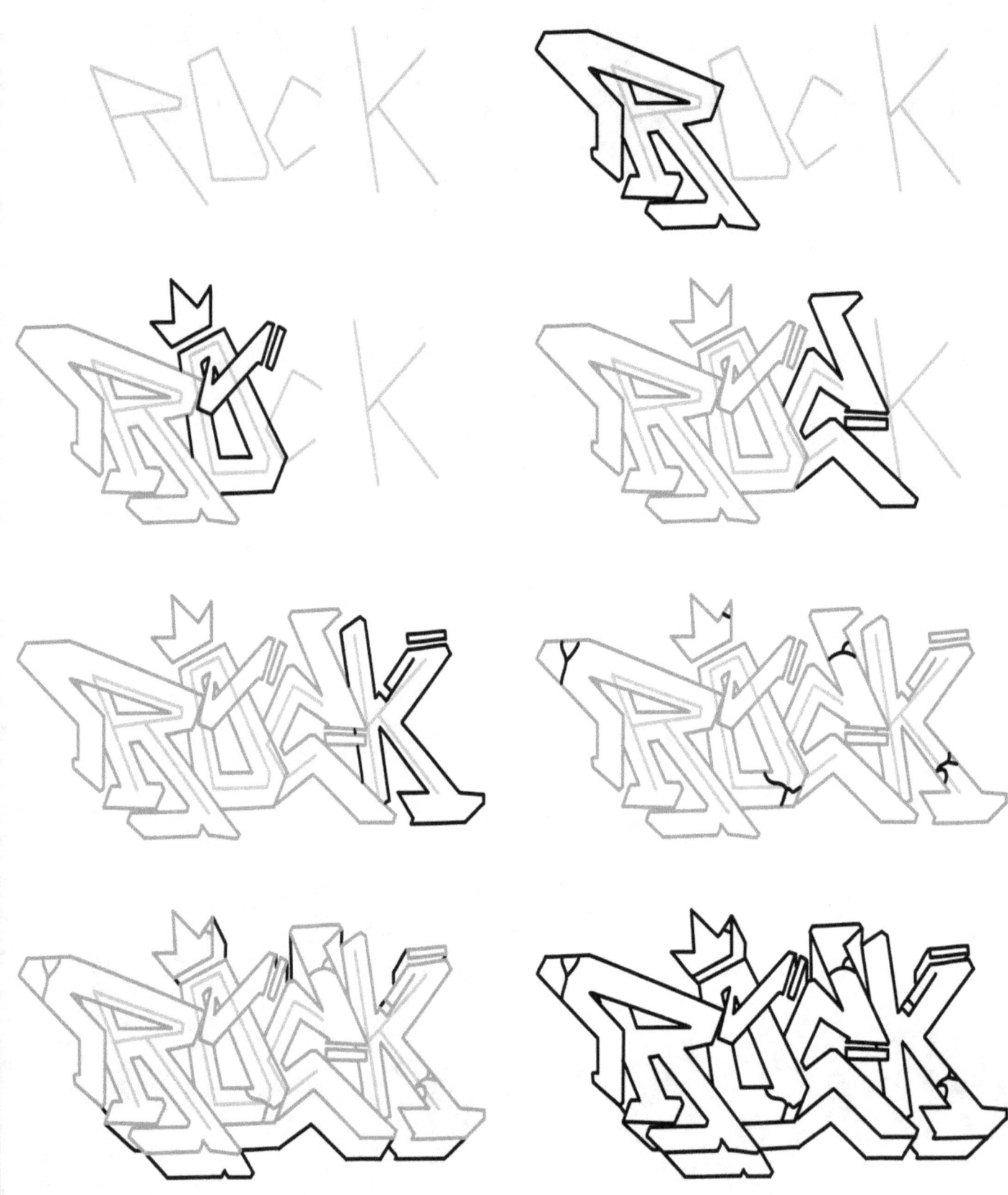

# Jetzt Sind Sie Dran!

# Zeichnen Lernen

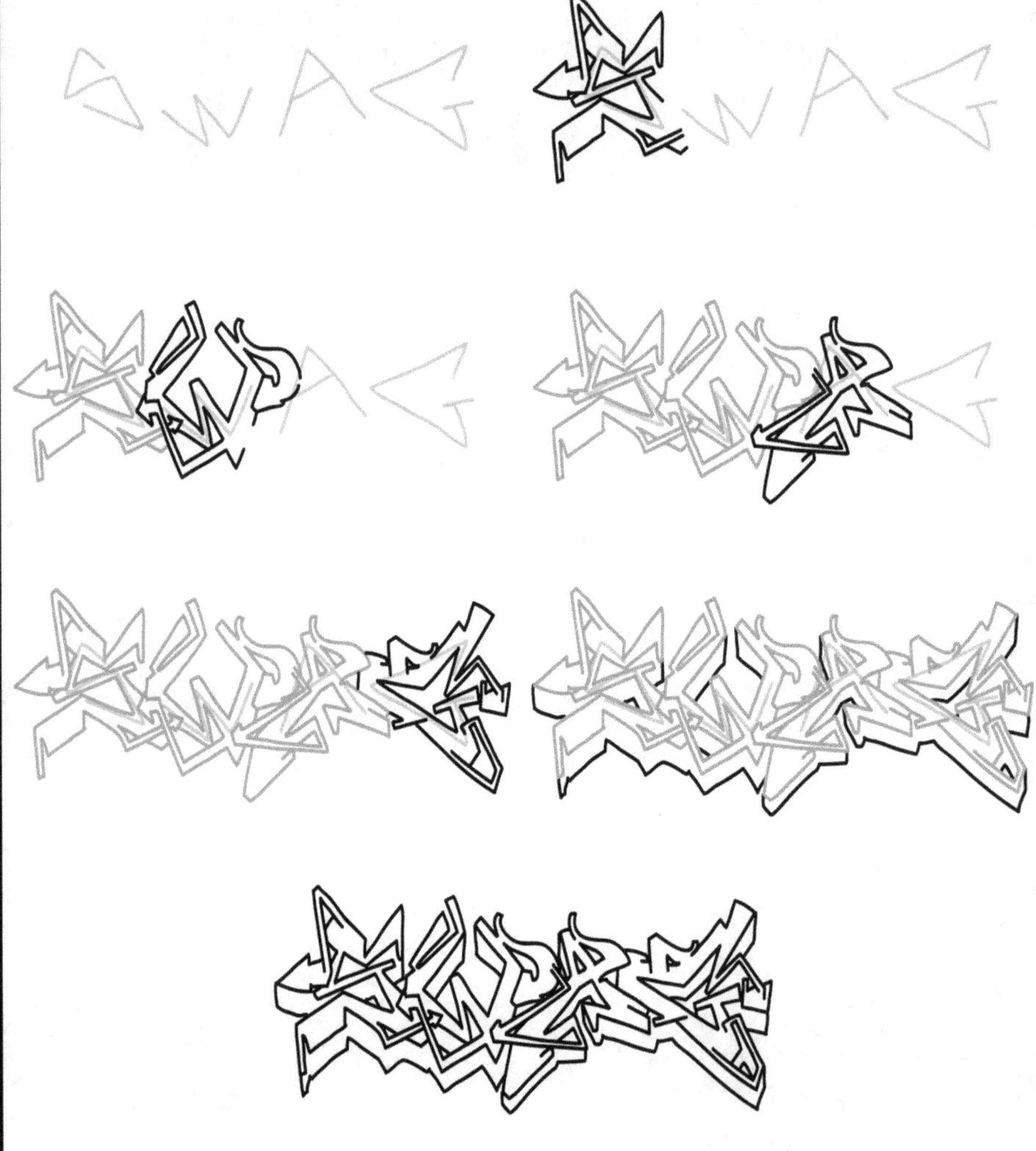

# Jetzt Sind Sie Dran!

# Zeichnen Lernen

# Jetzt Sind Sie Dran!

# Zeichnen Lernen

# Jetzt Sind Sie Dran!

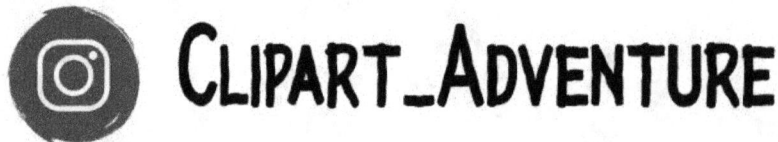

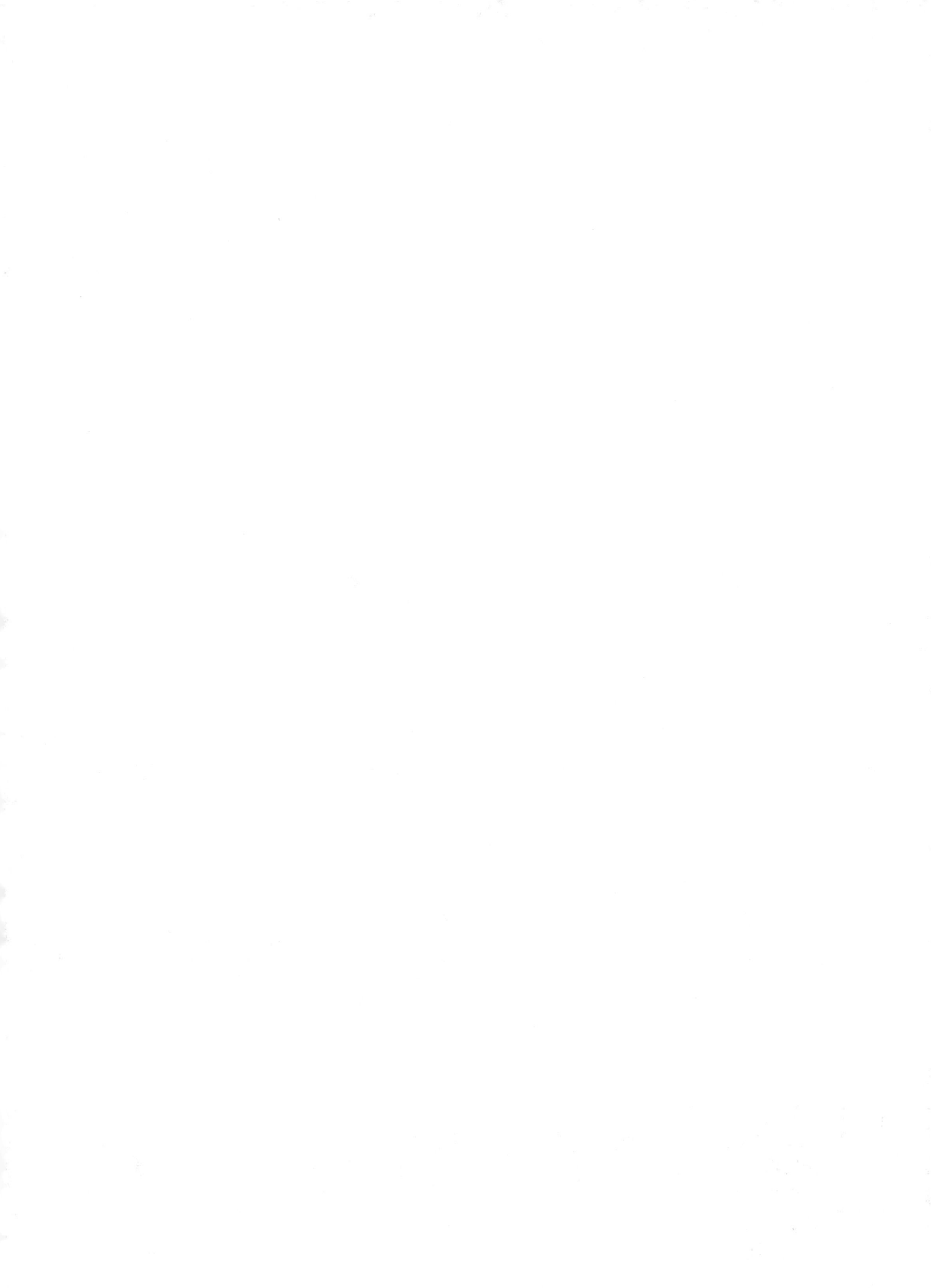

www.ingramcontent.com/pod-product-compliance
Lightning Source LLC
Chambersburg PA
CBHW081500220526
45466CB00008B/2724